JN408670

빨랫줄에 걸린 소망

문학공원 시선 85

빨랫줄에 걸린 소망

정채균 시집

문학공원

자서

J. da.
6 afen.

땅끝마을 무지렁이가 화려한 날개를 달기 위해
천리 먼 길을 나섰는데 수레를 끌고 가는 여정은
비바람치고 가시덤불 가로막는 고행의 연속이었습니다
그러나 그 언덕에는 기화요초(琪花瑤草) 우거지고 옹달샘이 있어
자연의 신비를 노래할 수 있었습니다
지쳐서 주저앉을 때 이끌고 밀어주는 동행을 만나 힘을 얻었는데
수많은 인연과 사랑도 하고 이별도 하며 인생학습을 했습니다
가장으로 처자를 부양하고 생업을 통해 근로하며
신앙에 기대어 심성을 수양했습니다
한 토막 시상을 여행기로 남기다 보니 종착지가 멀지 않았고
그곳은 또 다른 시작이라고 교훈합니다
문학이란 소질을 파악하여 격려해주신
초등학교 은사님을 비롯하여 등단에 이르도록 지도해주신
여러 문우 시인님들에게 감사드립니다.
상상력을 동원하여 요즘 유행하는
비틀기, 낯설기, 전법을 구사해보려 했으나 역부족이었습니다.
이런 미완성의 글을 간추려 첫 시집으로 펴내주신
스토리문학 김순진 교수님과 관계자 여러분에게 큰절을 올립니다

2014년 새해를 맞으며

하림 정 채 균 배상

<서문>

정의를 향한 굳은 신념과 좌절로부터의 보호

김 순 진(문학평론가 · 계간 스토리문학 발행인)

정채균 시인과 필자는 뗄 수 없는 불가분(不可分)의 관계에 있다. 그는 필자의 고향인 포천에 있는 포천의료원 정형외과 석고실에서 근무하는 의료인이다. 필자는 부모형제나 친구 친지의 일로 자주 포천의료원에 가니 그와의 만날 수밖에 없는 인연이다. 그래서 자주 정 시인과 대화를 나누게 된다. 정채균 시인은 상대방과의 대화에서 대부분 듣는 입장을 취하지만 대답 톤은 늘 경쾌해서 그와 대화를 하고 나면 언제나 행복해진다. 필자는 '정채균 시인의 편안한 대화 방법이 어디에서 나올까?' 궁금해 하던 터였다. 그런데 시집 원고를 받아들고 나서야 그 해답이 풀렸다. 필자는 그의 시집을 통하여 그가 늘 긍정적이고 상대방을 배려하는 마음을 지속적으로 견지하고 있음을 알았다.

의사의 진료에 의하여 골절상을 입었거나 신체의 일부분을 움직이지 못하도록 해야 할 필요가 있다는 판단이 들었을 때 의사는 환자에게 석고붕대를 시술한다. 이를 우리는 의료용어로 깁스(CAST)라 한다. 병원 주변에 가보면 흔히 볼 수 있는 광경이 한 쪽 다리부분을 깁스하고 목발을 짚고 다니는 모습이나 손목, 손가락 등을 깁스하고 다니는 모습이다. 사전에는 'gips'라 하여 어원이 독일어라 한다. 잘은 모르겠지만 깁스를 생각하니 keeps가 생각난다. 호보와 지킴이 같은 말이다. 그렇다면 시에서의 깁스는 좋은 생각을 보호하는 장치가 아닐까.

석고를 생각하면 '굳다'와 '보호한다'라는 말이 떠오른다. '굳다'는 말은 어떤 뜻일까? '경직되다'라는 뜻과 '확고부동하다'는 뜻 모두를 내포한다. 경직된다는 말은 어떤 현상을 보고 나타나는 표정이다. 정채균 시인은 불의를 보면 경직된다. 그리고 확고부동한 신념으로 나서서 개입한다.

요즘 종편TV '채널A'에서 이영돈 피디와 신동엽 코미디언이 나와 함께 방송하는 '젠틀맨'이라는 프로그램이 있다. 파지를 줍는 노인이 리어카를 끌고 가다가 길에 쏟았을 때나 자해공갈단이 여성운전자에게 가짜로 부딪치고 돈을 뜯어내는 현장, 편의점에서 맹인이 5만 원짜리 지폐를 내고 거스름돈을 건네받을 때 편의점 직원이 몇 천을 쥐어주며 1만 원짜리를 냈다고 우길 때 시민들이 적극적으로 개입하여 해결하는 사람에게 촬영 팀들이 나와 젠틀맨 칭호와 함께 대형 LED TV나 최신형 노트북컴퓨터를 선물로 주는 예능프로그램이다. 이 프로그램을 보면서 문득 나는 정채균 시인 앞에 그러한 상황들이 발생했다면 아마도 젠틀맨처럼 나서서 해결하려 노력했을 것이란 생각을 했다.

'깁스하다'를 국어사전에서 찾아보니 '부러지거나 다친 뼈가 고정되도록 석고 붕대로 싸매다.'로 나와 있다. 다시 말하면 부러지거나 다친 뼈를 안전하게 나을 수 있도록 보호해주는 의료행위인 것이다. '보호'라는 말의 사전을 찾아보니 '위험이나 곤란 등이 미치지 않도록 잘 지키고 보살핌'이라 되어있다. 정채균 시인은 환자를 2차 사고로부터 보호하는 일을 하고 있는 셈이다.

우리는 정채균 시인의 시에서도 '굳다'와 '보호하다'의 두 가지 의미를 자주 발견할 수 있다. 이 시집은 크게 7부로 나뉘어져 있다. 정의로 향한 그의 심지는 굳다. 그리고 그 생각들은 추억이나 자연, 돈독한 신앙, 봉사정신을 통해 우리를 보호한다.

다음 시 일부분을 읽어보자, "일감 없는 인력시장에서 / 줄담배만 피우고 나온 할배 / 거울 주워 우물가 팽나무에 걸어놓고 / 면도를 한다 / 경로당 빵덕어멈은 나오려나…" 이 시는 그의 「버려진 거울」의 일부분이다. 할아버지는 비록 새벽 인력시장에 나갔다가 팔려가지는 못했지만 좋아하는 할머니를 만나고 싶어 우물가 팽나무에 걸어놓은 거울을 보며 면도하는 장면을 재구성함으로써 우리에게 좌절이나 불행의 늪으로 빠져들지 않도록 보호한다.

다음 시에서도 '굳다'의 뜻은 잘 내포되어 있다. "길과 진리와 생명이 되시며 / 우리의 거처를 예비하러 가신 성자여 // 그 약속을 믿고 본향 가는 그날까지 / 당신의 이름으로 구하고 행하리니 / 가시덤불도 진리의 검으로 헤쳐 나가게 하소서" 이 시는 「당신과 함께」라는 시의 끝부분이다. 정채균 시인은 독실한 신앙을 가진 분이다. 확고한 믿음 즉 굳은 심지를 가지고 환자를 대하니 봉사하는 것 자체에도 행복이 넘친다. 그리하여 '가시덤불도 진리의 검으로 헤쳐 나'가려 노력한다.

병원에서 근무하는 정채균 시인이 하루 종일 볼 수 있는 것이라고는 환자들의 고통이 대부분이다. 화상 입은 환자를 보고 쓴 시 "시너를 뒤집어쓰고 불을 붙였다 / 화염의 터널을 지나 눈을 떠보니 / 고통에 떨고 있는 그을린 육신"(「무정」 부분), 교통사고 환자를 보고 쓴 시 “그러나 불의의 사고로 뇌사 상태에 빠져버리고 / 하늘만 바라보는 무능한 의술”(「등불」 부분) 유방암에 걸린 스무 살 소녀를 바라보는 애틋한 마음의 시 “스무 살 몸짱 처녀 / 쭈그렁 할머니도 가리지 않고 / 무차별 파고드는 암세포란 지독한 놈”(「유방암(乳房癌)」 부분), 말기암 환자를 바라보며 쓴 시 “염색한 머리칼 빠지고 / 민둥산에 드러난 한 올의 백발”(「암 병동」 부분), 몸에 철핀을 박아 지탱하고 있는 환자를 보고 쓴 “그런데 두 개의 핀은 피부에 파묻혀 / 끝이 보이지 않으니 칼로 파헤쳐야겠구나”(「아픈 만큼 성숙하고」 부분) 등을 읽어 내릴 때 마치 내가 그 병에 걸린 듯 마음이 아려왔다. 독자의 마음이 그러할진대 하물며 일선현장에서 직접 보고 느끼는 정 시인의 마음은 어떠했을까? 차마 말로 할 수 없어 얼른 낫기를 기도하며, 죽어나가는 사람들이 천국에 가서 행복하기를 바라며 시를 썼을 것이다. 그러나 병원이라고 해서 아픈 사람들만 있는 것은 아니다. “수술실에서 들리는 아기의 첫소리 / 척추 마취로 눈망울 끔벅이며 / 안도와 기쁨을 내쉬는 산모”(「첫 울음소리를 들으며」 부분)를 볼 때 시인은 한 생명이 이 땅에 오는 축복에 하나님께 경배를 올리고 싶었을 것이다.

조금이나마 정채균 시인의 시를 만나보았다. 그에게는 반석 같이 굳은 신앙이 있고 불량한 마음, 좌절의 마음, 단절의 마음으로 가지 않도록 붙잡아주는 장치인 시라는 보호 장치가 있다. 이런 좋은 분이 내 고향 포천에서 봉사하고 계신다는 것이 너무나 행복하다. 첫 시집 상재를 축하드린다.

차 례

차 례

차 례

7부 <시조 · 동시> 보름달 엄마

1부

엄니의 도레미탕

명태 열한 마리

깊고 맑은 동해에서
떼 지어 유영하던 보금자리
상어밥이 되어 반토막나면서도
약육강식 법칙에 따랐다

만물의 영장은 먹이사슬 던졌고
그물에 걸린 물고기는
속절없이 가쁜 숨만 몰아쉬었다

얼리고 녹이고 배 갈라
어느 담장 외줄에 걸려 미라가 되고 있다

인간의 식탁에 오를 운명인데
도둑고양이 군침 흘리며
먹을 차례 정하는 중이다

햇살조명에 보이지 않는 연주자 건반 두드리니
명태 하하하…
골목에 울려 퍼진다

버려진 거울

개업식이나 집들이에 들고 가는 선물
몇 사람 추렴하면
푸짐한 잔칫상을 받을 수 있었다

'축 발전'이란 글귀의 축복으로
정말 부자 되었을까
사실 늘 마음 비쳐
자신을 단장하라는 상징이었는데
오늘날 문화는 쓰레기 취급하여
모퉁이 내몰렸으니 알맹이는 빼먹고
버림받은 껍데기들
그 서러운 일생을 전시하고 있다

일감 없는 인력시장에서
줄담배만 피우고 나온 할배
거울 주워 우물가 팽나무에 걸어놓고
면도를 한다
경로당 뺑덕어멈은 나오려나…

교통사고 벌점

잔주름 늘었지만 면사포로 가린 여인과
광택으로 흑심을 감춘 남자가
굳고 무딘 마음에 시동을 걸어
험한 길 달려와 첫 만남에 입맞춤한다

떨리는 양심으로 일탈 꿈꾸던 연인은
산으로 바다로 밀월을 즐겼는데
불륜으로 의심한 경찰은 과속 딱지 떼고
막다른 골목에서
차량마저 과열로 멈춰버렸으니

서로 탓하며 흑백논리 펴던 그들은
급기야 본색을 드러내고
거친 엔진음을 토해낸다
검증되지 않는 신형차
할부로 뽑아 기분내려했는데
결국 접촉사고 기록만 남겼다

이발

무서운 장인 눈을 피하여
친구 누이랑 연애하던 건넛마을 총각
결혼하더니 처가에 개업하였네

연탄난로에 포마드 향 가득한
어른들의 사랑방에 명절 다가오면
더벅머리 사내애들 연례행사로 찾았네
의자에 빨래판 올려놓고 앉으면
위생복 입은 아저씨
반갑게 인사하며 삭발해주었네

기름칠한 기계 살강살강 소리는 경쾌한데
뽑히는 머리털 있어 눈물 찔끔거리네
까까머리 빨랫비누로 씻고 나니
젓 물리는 돼지 그림이 부귀다남 꿀꿀대며
어서 가서 형도 보내라고 웃음짓네

엄니의 도레미탕

일찍 떠난 서방님 제삿날 다가오면
허리 굽은 할멈은
구들방 구석에 콩나물을 길렀다
내가 죽으면 누가 챙기랴
호롱불 아래 침침한 눈 크게 뜨고
고이 보관한 쥐눈이콩 고르는
임 향한 정성이란

때맞춰 샘물 끼얹고
검은 천 고깔 씌워 온도 조절하고
문풍지 바람에도 신경 써야 썩지 않았다
밑 빠진 독 물 붓기라지만
정화수는 생명 움 틔우며
악보로 자라 사부곡을 지었다

쓰린 속 뜨겁게 풀어주고
맺힌 한 시원하게 내리는 그 아삭한 맛은
며느리에게도 전수하지 못하고
가문의 전설이 되었다

자판기에 밀린 폐업

읍내 유지들은 아침이면 친구 사무실에 나와
모닝커피 배달시켜 마시는데
그곳에 일하던 사환은 성년이 되자
들락거리던 제과점에서 발길을 옮겼다

한달음에 방문한 다방은 톱밥 난로 후끈하고
살가운 인사에 더욱 달아오른 초보 손님
수족관에 눈길 돌리며 쌍화차를 시킨다

화장하지 않은 깨끗한 얼굴로인기 있던 아가씨가
자기 요구르트도 사달라 애교부리니
낮은 소파에 파묻혀 커피 맛을 배워나갔다

가끔 위스키 티에 취해
동생 학교 보내려 찻집까지 흘러왔다는
미스 리 하소연 듣던 청춘이 황혼녘 신사 되어
다시 찾은 그 자리에는 철거딱지가 붙고
참새 한 마리 전깃줄에 앉아 빛바랜 편지 읽는다

빨랫줄에 걸린 소망

출근 옷 여벌로 준비하지 못해
우선 외줄에 높은음자리표 걸었습니다
그래도 입술연지 찍히지 않은 셔츠 빨며
콧노래 부르는 아낙이랍니다

책상머리에 앉아 일해도
말 못할 스트레스 쌓임을 잘 알고 있어요
그 멍든 마음조차 씻고 말려
잔주름 없이 입혀 드리고자 응원한답니다
동터 어둠 열리면 싱그러운 바람이
오늘도 힘내라고 손뼉 칠 것입니다

서투르지만 오선지에 그린 자작곡을
푸른 하늘에 피워 올려요
올곧게 도전한 하루를 마치고 귀가하면
함께 노래하며 춤추려니…

물어뜯긴 상처

돈 벌어 결혼하려 아라비아에 취업하자
큰마음 먹고 발 편한 유명구두를 샀는데
기다리겠노라 약조한 그녀는 고무신 거꾸로 신었다

뒤바뀐 새댁에게 명품이라 자랑하며
발바닥 불나도록 뛰어온 젊은 날은 닳아지고 갈라져
굽갈이하려니 꽤 비싼 수선비를 요구한다

결국 쓰레기통에 집어넣었지만
짐승은 가죽을 남기고 사람은 이름만 남긴다더니
노숙자로 전락하여 무료급식을 기다리고 있다

막장 인생

돈 벌어 효도하겠다며 객지로 떠난 외아들은
강원도 막장에서 검은 땀에 젖어 희망 불씨를 캐냈고
무연탄은 철로 타고 공장으로 옮겨지니
영악한 업자는 멍든 가슴에
스물다섯 구멍 뚫어 땔감으로 팔았네

배달 비 아끼려 구부정한 허리로 지게질하여
가파른 달동네 쪽방 구석 겨우 열댓 장 쌓아
때늦은 겨우살이 준비 마치고
담배 한 대 피워 무는데 싸락눈 흩날린다

몸져누운 할멈 위해 한밤중 연탄 갈며
내일은 뜨거운 목물 해줘야지 하는 생각에 흐뭇했는데
연탄가스 중독된 노부부는 험난한 삶을 끝내고
아침 밝아도 일어나지 못했다

밤새 화력 내뿜어 방구들 달구던 불덩이가
안락사 범인 되어 함께 숨 거두어 재로 변했으니
빙판에 뿌려져 북망산 인도하네

일곱 별 녹색 꿈

남산골에서 만들었다는 청량음료는
부자 사람이나 먹을 수 있는 고급이었으니
별을 헤아리던 가난한 집
까까머리 사내애는 제조비법을 배웠다

시원한 우물물 한 양재기에
사카린과 소다가루를 녹이고
빙초산 몇 방울 넣으면
탄산가스 발생하며 사이다가 탄생한다

금성
삼성…
이 땅에 많은 별이 떴지만
일곱 개의 별이 그려진 녹색병 사이다는
어린 시절 무지개꿈이었다

물먹은 가장

배운 것 없고 가진 것 없어 식솔 건사하려 죽어라 뛰어온 반평생, 그래도 잘되면 노후에는 임대아파트라도 입주할 줄 알았는데 IMF 경제위기사태가 터지자 밑바닥 서민은 국가 경제를 말아먹은 죄인이 되었다
한 우물을 파온 터전에서 해고당하고 운 좋은 사람은 명예 퇴직금을 받았으나 결국 길거리 노숙자로 전락하였다
마른하늘 쳐다보며 목말라 할 때 나이 불문, 공직자우대, 주 5일 근무 월수입 250만 원…, 눈에 띄는 벼룩시장 광고
장롱 깊숙이 넣어둔 양복 차려입고 입사 교육받는데 대동강 물 팔아먹은 현대판 봉이 김선달 이야기다

우리 몸 70%가 수분이고 미네랄 살아있는 육각수 먹게 되면 보약이 따로 없으니 수돗물 먹는 사람은 미개인 취급하며 임대 냉온수 정수기를 권유하라 먼저 자택에 설치하여 시음해보고 가까운 친척이나 지인 상대로 영업하라
실적이 좋으면 영업소장이 되어 직원 관리만 하면 된다

자신에게 돌아오는 수당까지 구매자에게 돌려주며 몇 대나 팔았을까? 커피 사주며 명함 내밀면 다들 난처한 기색이니 빚만 지고 약수터 출근하는 신세가 되었다

자연이 선물한 샘물 한 바가지로 점심 대신하며 시원한 소낙비 기원해본다

어미 닭의 교훈

종족 번식을 위한 자연의 법칙에
겹서방 두고 근친상간도 있을지니
몽둥이 들어 훼방하지 마소서

목청 돋우어 새벽을 깨워 보지도 못하고
벌거벗은 영계의 부끄러운 모습으로
진열대에 내던져지는 기구한 생애를 아시나요

장수하는 자는 짧다 할지라도
소중히 감싸 안아 체온을 유지하며
부지런히 알을 굴리는 스무하루는
기나긴 고행의 모정이라오

노랑 솜털에 삐악 거리는 속삭임
그 어리광을 떠올리면
어찌 씨앗 한 톨에 배부르지 않으랴

어미 품밖에 모르던 어린것이
봄동산에 흩어져 나물을 뜯고
물 한 모금에 하늘 우러르는 모습들

그래, 생명은 곧 보낸 이의 사명이나니
달걀로 익히고 모가지가 비틀릴지라도
만물의 영장에게 기름진 식탁을 이바지하고
가난한 자들에게 살림 밑천이 되어라

커피와 카피

휘파람 불며 반겨 맞아 끓는 물
맑은소리 나는 하얀 자기 잔에
구수한 향으로 피어오르는 맛의 조화

가냘픈 손가락에 반짝이는 사파이어
얼어붙은 마음을 녹이는 뜨거운 훈김
아, 그이는 아직 나를 잊지 못한다고
고백하는 커피의 진실

붉은 디지털 눈웃음으로 버티어 서서
말없이 손을 벌리며 재촉하는 그대
아, 황금만능에 어두워진 유혹인가
선택의 여지도 없이 손끝으로 결정

그럴듯한 카피로 토해내지만
싸늘히 식어 재떨이가 되고
나는 너를 오래전에 잊었노라
버림받는 자판기 커피여

부조 봉투

봄날이면 제법 날아오는 고지서
국수나 한 그릇 먹으면 좋으련만
진수성찬 잔칫상 받아놓으니
배춧잎 석 장에 세종대왕 눈치 한다

머나먼 하늘길 가는 데도 기름값이 올라
노잣돈 몇 장에 어림없고
이제 얄팍하더라도 끌어올리라
새로 부임한 신사임당 미소 짓는다
이래저래 허리 휘는 서민의 시름이여

모닥불을 지피며

싱그러운 미소를 건네던 가녀린 그녀
철없는 시절 그림자로 남아 여울지고
지난날 고이 숨겨 둔 연분홍 사연들이
막 잠에서 깨어난 초록빛 웅성거림으로
물안개 젖어드는 아련한 미련이여

별이 노니는 호숫가 그대 수호신되어
소슬한 밤 지새우며 연서를 보내나니
꼬였던 매듭일랑 풀어가겠노라는 다짐은
동녘 하늘에 피어오르는 간절한 향기라
살랑 바람으로 다가온 갈래머리 소녀야
우리 마당에 모닥불 지펴 어둠 밝혀보자꾸나

2부

계절의 뒤란

이름 없는 들꽃이 되어

한여름 땡볕에 빛바래고 스산한 칼바람에
무성한 잎 다 떨어뜨리어 앙상하게 메말라
엄동설한 동토에 엎드려
찬란한 봄을 꿈꾸고 기다렸습니다
죽은 듯 했지만 새싹이 움터 화사한 꽃다발로
금수강산 물들이고 초록 너울로 그늘을 만들었지요

벌 나비에게 귀한 꿀과 화분을 제공하고
저마다의 향기와 색깔로 자연을 수놓았는데
무례한 세상 사람들은 꽃가지 꺾어
안방에 치장하고 홀로 즐겼습니다

화무십일홍이라 잠시 피었다 지지만
그것이 창조의 섭리요
나의 작은 의무인 것을 아시나요?
아무런 조건 없이 그 누구도 탓하지 않고
때가 이르러 연분홍 바람이 불면 다시 찾아오리니
이름 없는 들꽃이라 날 모르는 체 하지 마십시오

동백 아줌마

피고 지는 자연 이치에
화려한 꽃송이도
시들면 추해 보이거늘

아낌없이 후드득 떨어져
핏빛으로 물들이는
멋진 그대여

까치밥 남겨두는
농심을 베풀지 않으려오

스산한 계절의 뒤안길에서
목마른 동박새는
미련을 노래하고 있나니…

계절의 뒤란

꽃피는 봄날
그 기운 어디에서 오는 줄 모르고
살만한 세상이라 노래했다

뙤약볕 아래 땀 흘리며
그 고행의 의미도 모르는 채
우물가 등목으로 여름을 식혔다

오곡백과 무르익을 즈음
씨 뿌리지도 않고
광주리를 채우는 욕심만 부렸다

얼음장 갈라지는 소리 들으며
강나루 남긴 발자국 뒤돌아보니
비로소 인생길 감사가 반짝거린다

사군자 피는 보금자리

할아범은 대나무만 키우고
난(蘭)치는 아범 옆에 먹 가는 손자
가문의 맥을 잇는다

며느리도 대물림하고자
때 이른 갈대숲 자장가에
호롱 밝혀 졸음 떨치고
수놓는 국화송이

뒷동산 싸락눈 쌓이는데
솜씨 늘지 않으니
먹물 토하는 섣달 밤
낭자의 머리에 매화꽃 맺힌다

여우 나는 산골

옥수수 병정의 호위를 받으며
붉은 고추 하얀 박꽃으로
살포시 쪽머리 올린 초가집

저녁노을 따라 사위는
여름날 군불 연기에
시나브로 어둠이 젖어드네

사립문 두드리던 소슬바람에
떨다 우물에 빠진
초승달 하나

텅 빈 마당엔
화들짝 놀란 낙엽이 구르고
호롱불 흔들리는 초가
여인의 한숨이라니

금등화(金藤花)

낭군이 머리를 올려주었으니
한 남자 위해 죽어야 하는 숙명이라
붙잡을 수 없지만
첫날밤 마지막일 줄 꿈엔들 몰랐다

처절한 기다림 누가 도도하다고 했나
아낙들 시샘으로 외진 곳 떠밀려
마침내 담장 밑 파묻혀 피어난 넋은
배롱나무 기대어 휘감아 오른다

한여름 땡볕에 그을리고
달밤이면 이슬 모아 갈증 달래며
내 임 발걸음 소리 들으려다 보니
나팔 귀 되어버린 내 모습이란

서러운 풀벌레 연가
찬바람 불어 끊어지고
우아한 맵시의 능소화 낭자는
이생의 미련 떨쳐 원앙금침 수놓는다

포천천(抱川川) 해오라기

깨끗한 마음으로 살기 원했더니
조물주는 우아한 날개를 주고
팔등신 맵시 뽐내게 했다

북녘으로 흐르는 냇가에서
싱싱한 물고기로 배 불릴 수 있으니
자연은 넉넉한 축복이다

소슬바람에 깃털 빗어 올리고
총명한 눈동자로 소망 바라며
긴 부리로 찬미하는 피조물이다

명성산 억새 흐드러진 계절이 오면
청성공원 하늘에서 마지막 군무 펼쳐
다시 만날 날을 기약한다

까치의 보금자리

소프라노 목청 돋우는 된바람 언덕
지난여름의 열정으로
겨울나무를 껴안아 주소서

눈물 없는 울음 삼키는
섣달 밤의 지새움 속에
빛나는 샛별과 나누던
전설이 되어버린 밀어들

짚단 한 묶음 두르지 못한 앙상한 가지
함박눈 솜이불에 쌓여
종다리의 비상을 꿈꾸게 하소서

조용한 묵상으로 견디어온 가슴앓이에
아름다운 소망 움트도록
봄기운을 불어넣어 주소서

파뿌리되어

철부지 막내는
선친의 흰 머리카락을 뽑았고
아내는 서방의 새치를 뽑는
대물림 손길

실개천 갈대
사삭거리는 황혼
서예가를 꿈꾸던 아낙은
세로획만 긋더니

뒷동산 잔설 내려도
솜씨는 늘지 않고
먹물만 가는 낭자에
설중매 핀다

죽령 가을역

굽이굽이 험준한 고개
십 리 길 넘는 똬리굴을
어지럽게 돌고 오르던 완행열차

잠시 숨 고르던 첩첩산중 간이역은
이제 폐역(廢驛)되어 표지판만 남기고
저 혼자 고개 내민 해바라기
신호등되어 지난 추억 깜박인다

고운 달빛 머금어
소금으로 뿌려진 메밀꽃은
평생 역전 가게 지키던
할머니의 미소 닮았다

갈대공원

동장군에 숨어 지낸 올곧은 줄기
끈질긴 생명력을 노래하고
섬기는 자 없지만 저녁노을 품어
철새에게 보금자리를 내어주었다

연못에 쏟아진 뭇별에 들려주던
은하의 전설은 새벽 밝히고
백발에 맺힌 이슬 또르르 그네 타는
도시 한쪽의 쉼터가 싱그럽다

가을의 전령사

에덴동산에 식물을 심어
살살이 꽃이라 불러주었으니
순결한 영혼 터뜨려
하늘을 우러러 감사한다

멕시코에서 태평양 건너와
금수강산에 뿌려진 홀씨
들판에도 기찻길울타리에도 만개하여
잔치가 열린다

홀로는 외로워 군락 이루며
실바람에 저마다 가냘픈 목을 뽑아
시월을 노래한다

고목에 피는 꽃

온실에서 자라지 못하고
척박한 땅에 뿌려진 씨앗은
가뭄과 수해 속에서
부러지고 쓰러지면서도
우거진 잎사귀를 내더니
튼실한 열매를 맺었습니다

산새 깃들고 그늘에 길손 머무는
뿌리 깊은 나무는
나이테 늘고 쇠잔하여
가죽만 남은 고목이 되었지만
온 힘을 다하여
동산을 수호하고 있습니다

겨울 장미

잊히지 않는 그 무엇이 되어
만인의 숭배 받으며
사철 고결하게 살면 얼마나 좋으랴

추종 무리에 휩싸여 비수 감추고
권력자로 추대받던 계절이여

열정 불태워
금수강산 물들이려는 욕망은
찬 서리 삭풍에 꺾였으니

햇살 빗질에 고추장 익어가는
시골집 뒤뜰에서
유월의 부활을 꿈꾼다

별밤지기

마당 가운데 피운 모깃불에서
알토란 감자 익어가는데
멍석에 드러누운 남녘 여름밤

너의 별, 나의 별 헤아리며
꼬리 무는 유성 향해
기도하는 별밤지기

귀향객 기다리는 북극성은
미루나무 높이 걸렸는데
숨바꼭질하던 동무들 어디쯤 왔을까

새벽이슬에 젖어
뒷동산 지키던 반딧불이
마중길 재촉하며 단잠을 깨운다

3부

황무지에 피는 꽃

동트는 사막

태양 아래 열풍 어둠 속에 식어가는
달빛 고운 이국땅 아라비아
생전에 맺지 못할 인연으로 떠나왔건만
잊으려 할수록 더더욱 물결치는 미련에
기린의 목이 되어 바라보는 동방 하늘
신기루가 되어 유혹하는 사막의 여신이여
베일을 벗고 구원의 오아시스로 인도하소서

은빛 날개를 달아준다면 만리 장천 비상하여
고국의 바닷가 산언덕
낙엽 덮인 내 님 위에 엎드려
눈이 내리고 쌓여 하나의 무덤이 되도록
지친 영혼을 안식하리니 나를 깨우지 말아주오
꽃망울 움트는 연분홍 산들바람
남녘에서 불어오면 우리는 재회의 기쁨으로
찬란한 새봄을 노래하리오

열사(熱沙)의 내 님에게

이국 만 리 떠난 임에게 무엇을 보내드릴까
포근한 아지랑이로 감싼 연분홍 진달래와
한려수도 낭만을 엔젤호에 실어보낼까

열사에 수고하는 임에게 무엇을 보내드릴까
오곡백과 영그는 풍요로움을
솔향기 가득한 송편에 담고
하얀 눈송이 떡가루로 백설기 만들어 보낼까

나라와 가정 그리고 자신을 위해
청춘을 불태우는 임에게 무엇을 보내드릴까
향기로운 기화요초 한 아름 담아보낼까

내일의 소망을 연단하는 자랑스러운 임이여
재회하는 그날까지 믿고 견디며
일편단심 내 마음 보내드리리

무탈한 동침

친구 애인의 이름은 인숙이었다
한 여자를 두고 두 남자가 싸움이 붙어
엉겁결에 그녀를 데리고 읍내로 피신했다
막차가 끊어져 하룻밤 머무르게 되었으니
평소 알고 지내는 여인숙에 방 한 칸 잡았다

개천가 허름한 곳이지만
그래도 중간에 연탄불 빼가지는 않겠지
지나간 손님의 담배냄새가 노름판처럼 찌들어있고
비닐 씌운 이부자리는 1인용이다
따로 방 얻을만한 능력 없으니
이불 양보하고 옆자리 바닥에 누워 잠을 청했다

우정의 의리를 지켜 고이 모신 밤은 지나고
친구에게 날 착한 사람이라 칭찬했던가 보다
세월이 흘러 짝은 바뀌고 저마다의 길을 가건만
친구는 내 결백을 믿지 않았다는 소식을 들었다
그때 좋은 숙소를 잡지 못해 지금도 미안한데…

난파(難破)

오색 무지개 동경하며 눈물짓던 자연의 신비
여전히 영롱한 빛깔로 화려강산의 사계를 노래하는데
깊은 수렁에 빠져드는 탕자 누가 동아줄 던져주오

공허한 마음에 찬란한 미래 갈망하는
저 산 너머의 행복
꼬리를 무는 뭉게구름과
안개 자욱한 미련이란 군더더기
모진 세파에 표류하는 희망 당신이 구원해주려나

발버둥치는 자맥질에 외치는 자의 구조요청소리 애타게 들린다
나그네는 부러진 삿대 부여잡고 탈진하여
대양의 품에 잠들었다
아득히 들려오는 갈매기울음소리

광풍의 긴 터널을 지나 잔잔하게 밝아온 아침
해송이 우거진 모래톱에 피어난 피보다 붉은 해당화
가시 돋친 청춘의 안식이다

성숙한 해후

견고한 성을 쌓고 꿈 키우던 시절
호기심 자극하는 밀물의 유혹
풍랑 일던 여름밤 허물어진 모래성에 흩어진 해당화 꽃잎

만선의 기쁨으로 달려온 포구에는 조가비의 슬픈 애가
대양의 해일에 침몰해버린 가여운 어부의 딸

별리의 아픔 딛고 누군가의 꽃이 되어
수놓아 보려는 행복의 사닥다리
안갯속 소망 붙잡으려 허우적거리는 안타까운 현실

지나간 향기와 빛깔 떠올리며 위태한 홀로서기
비켜나간 순간의 어리석음
잊히지 않는 또 하나의 의미

그리운 흔적을 찾아 성숙한 해후
그러나 이룰 수 없는 인연의 강
다시 허무는 아픔보다 간직하는 미덕으로
전생을 초월하여 평안히 안식하리라

끊을 수 없는 세월

눈물로 얼룩지게 했던 야속한 정해(丁亥年)야
고이 보내리니 뒤돌아보지 말고 가거라
동해 수평선에 고개 내밀어 다가오는
그 찬란한 기쁜 소식에 희망을 걸어보련다

오고 가는 세월에 잔주름 늘고
여전히 짐은 무겁지만
보낼 건 보내고 맞을 건 맞으리니
제발 새해에는 서러운 가슴에 불 지르지 말아다오

모든 잘못을 자신에게 돌려 용서하고
다시금 두 손을 불끈 쥐어
아직 살아있음을 보여주리니
어서 오너라 쥐띠 여인아, 어디 두고 보리라

행복하였느니라

마당에 모깃불 피우고 멍석에 누워
은하수를 유영하는 혜성이 되고 싶던
어릴 적 추억도 감사하지요

도시락을 준비하지 못한 허기진 여름날
오릿길의 하교를 서둘러
식은 보리밥에 풋고추 반찬 삼아 먹을 때
글썽이는 눈물은 매워서만은 아니었지요

두레박으로 길어 올린 고향 우물의 냉수는
산업전사의 깊은 속 갈증을 달래주고
용기와 꿈을 심어준 내 임의 손길이었지요

하찮은 일이라 무심코 지나치려면
바라보이는 아름다운 자연을 통해 가르치고
입고 먹고 안식할 거처가 있음이 은총이라 했지요

싱그러운 들풀 향기 풍겨오면
한 아름 꽃다발 안고 강 건너 언덕 넘어
변함없는 섭리로 진정한 행복을 인도한
당신을 맞이하려 경쾌한 발걸음을 재촉해요

길손의 안식

제발 그만 젖고 싶어 우산이 있었으면 좋겠는데
산골짜기 어둠 내려 하루가 저물고
건너편 도심에 가로등 찬비 맞으니
남자 가슴에는 낙엽이 뒹굽니다

뜨거운 구들방 아랫목 파고들어
죽음보다 깊은 잠 빠지고 싶은데
설마 몸 녹이는 나그네를
찬물 끼얹어 언 땅에 내쫓으랴

여물 솥에 삶은 고구마에 총각김치 곁들여 후대한다면
고구마에서 뚝뚝 떨어지는 단물은
그대 진실이 아닐까

시나브로 자리 잡은 향기
붙잡을 수 없는 그림자여
거울로 마주 볼 그날 기대하며
귀뚜리 노래하는 밤
변함없는 내일 향한 창을 엽니다

소슬바람 부는 날에는

수첩에 유행가 가사 적어 흥얼거리던 고향 친구와
포장마차에서 시금털털한 막걸리 닭똥집 안주로
'아빠의 인생'을 부르며 젓가락 장단 맞추고

종착역 없는 완행열차에 몸을 맡긴 추억 여행지
오색 단풍 수북이 쌓이는 고목 아래 주저앉아
뜨거운 원두커피로 소슬바람 잠재우고 싶어라

달궈진 톱밥 난로에 알밤 구워 먹던 오두막 산장
그때 내리던 함박눈 머리칼에 녹아 희끗희끗하니
가파른 고개 헐떡이며 넘어온 세월을 기억하려나

우리의 약속장소 '무아 음악실' 폐업 풍문은 들었지만
토라진 그녀 달래고자 DJ에게 부탁했던 신청곡
지금도 눈물에 젖어 들려오는 '웨딩 케익'

돌이킨 발걸음 물 팔매질 하던 바닷가 이르러
솔가지 주워 모아 모닥불 피운 백사장
장롱 속 먼지 낀 기타를 꺼내어 밤새워
비바람이 치던 바다, 연가를 퉁긴다

황무지에 피는 꽃

목마른 자 샘물 찾듯이
천 리 길 우물가에 있는 사람이 생각납니다
한 줄의 짧은 소식이 기다리며
창공으로 비상할 날개가 돋기를 소망하는
빛바랜 수채화 속의 인연이여

지금은 어떻게 지내고 있을까
아프지나 않은 것인지 애태우지만
그저 지치고 힘들 때 설움을 털어놓고
살며시 기대면 편할 것 같을 뿐
나를 잊지 말라고 요구하지는 않겠습니다

자꾸 보고 싶고 꿈결처럼 그리워
그 무지갯빛 우산으로 뛰어들고 싶은
애틋한 마음을 사랑이라 하는 걸까요
언제 찾아와 씨를 뿌리고 잔뿌리를 내렸는지 알 수 없지만
이미 척박한 가슴에 수선화가 자라고 있었습니다
아직 봉오리가 맺히지도 않았는데
벌써 그대 향기로운 소야곡은 무딘 귀를 자극해옵니다

특별한 까닭은

아침이 열리면 가장 먼저 떠오르는 사람
그대에게 첫 문안을 전하고 싶어라
내가 사모하는 만큼
당신도 그러하길 바라는 것은 욕심인가요

그러나 내가 임의 주인이 아니기에
언제 어디서 무엇을 하든지 자유이지만
그대 마음에 우선순위 첫째였으면 하는
작은 소원입니다

어떤 투정도 스스럼없이 받아 주겠다는
내 사랑 당신 미안해요
내가 먼저 손을 내밀게요

서로 다른 지붕 밑에서
가을비 하염없이 바라보는 이 밤
뒷동산 밤송이 여무는 소리 들으며
노랑 병아리 같은 임을 품고
진정한 행복을 기원하렵니다

문자표 그대여

물안개 피어나는 첫 만남은
저녁노을에 숨김표로 간직되고
일기장에 뿌려진 고백들은
꽃피우지 못한 줄임표가 되었어요

침묵은 긍정이라 했던가요
답답한 속내를 쉼표로 내쉬며
커피 향이 남아있는 자리에서
아스라한 느낌표를 찾아보아요

맞잡고 걸어가던 어두운 골목이
진정한 동행이었나 물음표를 던지며
폭풍우에 널브러진 잔해를 추슬러
비로소 마침표를 찍어요

십자가를 걸머멘 마지막 점 하나는
새로운 시작을 알리는 이음표가 되어
인연의 끈을 붙잡아 주어요

반짇고리만 남기고

행여 찢어지거나 폭 터져 속살 보이면 안 되니까
숙녀 손가방 필수품으로 자리매김한
짧고 질긴 오색실에 바늘
우리 사이가 이런 인연이 아니었을까

80년대 초반 부산 자성대공원 아래 슈퍼마켓
요즘은 대형 할인점에 밀려 문 닫고
60원이라는 가격은 천 원쯤 되겠지만
어찌 직장 책상 서랍에 지금까지 간직한지 모르겠다

허름한 여인숙 퀴퀴한 냄새가 싫어
친정 걸머질 신랑감 찾아 뒤돌아선 그녀가
문득 오만 원권 신사임당 모습으로 떠오르니
어느 하늘 아래서 잘살고 있지 않을까

세월은 비록 번지수가 다르지만
시집 장가가고 자식 낳게 했으니
쌈지 실도 백발 되고 바늘도 녹슬어
이제 구멍 난 원단을 짜깁기해도
누더기 신세 면하지 못하리라

가난한 자 되고자 수없이 지우고 비운 미련들
그러나 아직 이 작은 유품을 들고 있으니
돋보기 쓰고도 바늘귀 찾아 떠는 손길은
천국 가는 길목에서 누군가 기다리고 있다

실패한 사업

역전 시계탑 앞에서
첫눈 내리는 날 만나자는 부끄럽지 않은 약속
이루어지지 않으리라 서로 잘 알면서도
기억에서 지우지 못했지

손잡이를 돌려 교환을 불러야 하는 자석식 전화로 확인하고
쓰디쓴 커피 맛 그윽한 아라비카 향에 취하며
설레는 마음은 무르익어갔다

선배들의 연애 공식에 따라 식사를 하고 극장을 갔으나
술을 마시지 않음은 자신의 정열을 믿을 수 없었음이라
떨리는 손목을 잡고 어두운 골목에서 입술도 훔치며
사업을 키워나갔지

연애에서 결혼으로 계획이 진전되자
형식적인 절차를 줄이고 밀폐된 음지로 바로 찾아들어
둘만의 공간에서 두꺼운 벽을 허물고 어른이 되었으니
수줍은 미소와 슬픈 눈물이 새벽을 밝혔다

여관은 나그네가 하룻밤 머무는 곳이 아니라
연인이 정분 나누는 러브호텔이라는 사실을 뒤늦게 알았고
처음에는 색안경 쓰고 등 떼밀려 들어갔지만
횟수가 잦아지자 쓸데없는 낭비를 줄인다는
알뜰한 핑계를 내세워 모자로 하늘만 가릴 만큼 뻔뻔해졌다

물고 늘어지느라 빠진 이빨 해 넣으려 적금 부었던 종잣돈
밀월여행에 투자하고 머리에 서리 내리도록 채우지 못했으니
남남인 그녀를 찾아 청구해야 금니 박을 수 있으려나

동반자

상큼한 풋사과로 다가온 한 통의 위문편지는
전역의 훈장으로 첫 만남을 이루고
무지갯빛 욕심 따라 부푼 신데렐라의 꿈은
별리의 아픔을 남기었네

백마 탄 왕자가 되고자 일그러지고 상처 난 영혼
가슴속 고이 간직한 별 하나
연단의 과정을 거쳐 때가 이르러 응답하는
전능자의 오묘한 섭리
성숙한 우리의 재회는 축복이어라

서로 다른 두 사람이 합력하고 배려하여
믿음으로 동행한 반려의 사랑
버겁고 지쳐 주저앉을 때 부부라는 이름으로 일으켜주니
은혜의 잔이 넘쳐요

기쁨과 슬픔 그리고 아플지라도
한 아름 꽃다발 안고 보금자리 밝히는 촛불 되어
일평생 자신을 태우며 감사의 향기 진동하리라

나폴리 소녀

편지가 인연 되던 시절
충무에서 불어온 갯바람은
치악산봉우리 잔설 녹이고
서툰 글씨 주인공 찾아
초행길 떠난 말년휴가

원문고개 넘어서서
첫눈에 반한 한려해상
품에 안으려던 욕심은
밤새 물거품 되고
해 돋는 남망산 올라
코피만 쏟았지

청마우체국 소인 빛바래고
다시 찾은 강구안에
주황깃발 변함없이 나부끼는데
도다리쑥국 제철이라는
갈매기 호객소리

밤차를 타고

어둠 내리는 간이역에서
바다 행 승차권을 끊어
그리움이란 종착지를 향한다

가락국수로 허기 달래던
정거장을 지나치며
짧은 뒤안길을 떠올리는데
연정으로 달아오른 객차는
목이 터져라 별빛 고백을 투한다

마주치면 탈선하는 위태한 철길이기에
영원한 평행을 이룰지라도
산 넘고 물 건너 찾아온 남녘
그대의 새벽이 밝아온다

4부

바람은 불어도

이 밤이 지나면

질곡의 세월을 달려온 수레바퀴로
얼룩진 과거 잊고자 현란한 조명 아래 모인 무리는
높은음자리 반주에 이끌려
격동의 물결로 하나 되어 몸부림친다

설움의 눈물 땀으로 분출하며
타는 목마름 적시는 축배의 잔에
우리는 어디서 와 어디로 가는 인생인가
솔로몬의 탄식처럼 헛된 안개 속을
허우적대며 살아온 흔적들이 고이는데
세월의 전환점을 맞아 엄숙한 마음으로
흐려진 거울을 닦으며 비춰보는 자화상

환호하자, 얼싸안고 울먹이는 친구여
실연의 아픔을 딛고 청춘의 아름다운 추억을 모아
화려한 내일의 소망 수놓을지니
아, 새롭게 지펴진 모닥불은
가슴속 벅찬 감격으로 타오르고
우리는 다시 일어서서 동트는 새해를 향하여 길을 떠나자

여름휴가

벽돌 쌓아 불야성 이룬 회색 도시
열대야 견디지 못하고
산과 물 찾아 탈출하니
과열된 자동차 골병들어 신음한다

가는 곳마다 북새통이라
이래저래 열 받은 서민들
어느 계곡 귀퉁이에 천막쳤으나
휴가를 걸머멘 길손 되었다

미시령 넘어 고래사냥 나서고
새벽 해돋이 소원 빌어보지만
시름겨워 지친 현대인은
목청 높여 '아빠의 청춘'을 부른다

은하 쳐다보며 잃어버린 별 찾고
뱀사골 여울에 시린 마음 씻었으니
가족사진 고이 담아 서두르는 귀향길
짧은 날 피서지만 된더위를 잊었다

동백 그림전시회

빼앗긴 동토에서 불어오는 삭풍에
갓 봉오리 진 여린 가슴을 싸매고
청춘의 꿈을 심어주겠다는 앞잡이를 따라가
군수공장에 일하게 해준다는 유혹에
허기진 가족에게 효도하고 싶어 공출당한 것이다

뱃멀미로 탈진하여 짐처럼 부려진 곳은
알 수 없는 열대 섬나라 일본군 주둔지
여독도 풀리기 전 막사로 불려가
큰 칼 벗어던지고 짐승 되어 달려든 장교에게
열여섯 소녀의 속곳은 찢기고 파헤쳐져
단옷날 씨름판 동네 청년을 몰래 연모하여
홍조로 물들던 규수는 혼절하고 말았다
초경도 겪지 않은 기구한 팔자의 여인은
날마다 몰려오는 쪽발이들의 성고문에
소중한 아기집은 악취를 풍기고 배불러온 동료는
증오의 씨앗과 함께 까마귀밥이 되어 사라졌다

전쟁이 끝나 휴지가 되어버린 군표처럼
정글에 팽개쳐져 돌아갈 수 없는 동박새

그 옹이진 목숨은 백발 노파가 되도록
아리따운 청춘을 짓밟은 수만큼이나
하염없이 그린 선혈 낭자한 무덤가 동백꽃들
지금도 절규의 화살로 변하여
패전국 일본열도를 강타하고 있다

바람은 불어도

즐겁고 보람 있는 일상에
든든한 버팀목으로 확실한 전망이 있다면
누가 딴마음을 품겠습니까마는
천직으로 여겨 일해 온 터전에서
갑자기 방향을 바꾸기는 쉽지 않거니와
시작보다 마무리가 어렵고
누구나 익숙한 환경에 안주하고 싶어합니다

마치 뿌리 깊은 나무가 쉽사리 넘어지지 않고
그 자부심과 애착은 대단하지만
가끔은 실망하고 방황하듯이
모진 마음을 품어도 새로운 것에 대한 불안은
끈질긴 집착으로 태풍을 몰고 옵니다

빛깔 고운 세상의 유혹에
차마 포기하지 못하고 갈등하는 자에게
진리는 그 올가미를 끊고
자유와 평안을 누리라고 말합니다

구원의 생명줄

헝클어진 실타래 침침한 눈 크게 뜨고
무딘 손으로 한 올 한 올 매듭 풀어
찢기고 해진 상처를 바느질하던 어머니

얽히고설킨 업보를 풀어야 하는데
반백 아들은 전등 아래 돋보기 쓰고서도
희망의 끝을 찾지 못하여 더욱 옥죄고 있다

조급함으로 버거운 등산길 정상은 멀었는데
산언덕 무덤가에 쓰러져 부르짖사오니
명주실 꼬아 만든 질긴 밧줄을 던져주소서

열매가 익어가니

짚단도 두르지 못한 채
혹독한 추위 이겨내고 싹 틔워
진초록 그늘 참새가 노래하게 했지요

아침 일찍 나무 아래 찾아오는 소녀에게
진주보다 귀한 감꽃 목걸이 선사하고
주인어른 배탈에 떫은 즙으로 다스렸습니다

쐐기에게 잎사귀 뜯기며
가지 부러지는 태풍 속에서도
뜨거운 햇살 담아 튼실한 열매를 맺었지요

나지막한 토담 넘어 늘어진 송이는
지나가는 나그네 허기 달래주고
넉넉한 까치밥도 남겨 두었습니다

광주리 넘치는 수확
어두운 마루 대물림 항아리에 넣어
달콤한 홍시로 숙성되니
틀니 한 어르신 효도선물이군요

곱게 물든 황혼을

소금 한 짐 걸머메고
보약 한 첩 먹지 못하고 쉼 없이 달려왔으니
주저앉고 썩어 잘려나가게 생겼다

늙고 병들어 죽는 인생
고행의 세월은 무심히 흘러가는데
취미생활 즐기며
육십 고개를 청춘으로 넘는 노년도 있으니
나의 노을은 무슨 색깔일까

은백색 구름에 산수화 수놓고
작은 뜰 안 불로초 가꾸며
내 좋은 반려와 금수강산 유람한다면 얼마나 좋으랴
느티나무 그늘에서 지난 무지갯빛 이야기
손자들에게 들려주며 고운 기억을 남겨주고 싶다

빈손 들고 하늘나라 가는 그날까지
아낌없이 베풀고 한 줌 흙으로 돌아갈지니
고목에 꽃이 피도록 밑거름을 더해주소서

별들의 고향

어느 도시 한 편 춥고 쓸쓸한 밤
오랜만에 같이 누워 까르르 웃으며 행복하다고 더 꼭 껴안아 달라던 경아
별을 따다가 그대 두 손에 가득 드린다던 순결한 열아홉 소녀의 허벅지에 문신 새기고 과거 추궁하여 내쫓는 사람은 누구인가

자신을 스쳐간 모든 사람이 차라리 사랑스럽다며 밝은 천성으로 슬픔 이겨내던 연화 낭자
화폭에 영원히 담으려 했던 화가 아저씨가 뒤돌아설 수밖에 없었던 것은 인간의 눈높이로 마주보는 일이 쉽지 않았던 것일까

여자란 남자에 의해서 잘잘못이 가려지더라 하소연하며 연약한 살에 박힌 그림자까지 그리워하던 내 연인을 눈 내리는 길거리에 버림받아 쓰러지게 한 것은 자본과 욕망으로 얽혀진 이 사회의 책임이라

뒤늦게 찾은 자리에 전해오는 분골 단지는 많은 사람이 아침에 눈 뜨면 흔적도 없이 이별하더라고 마른 가슴에 투정한다
끊었던 알코올로 갈증 달래며 한 줌 재를 뿌릴 때 아름다운 꿈이 깃든 호수는 잠이 덜 깨어 뒤척인다

황혼의 연가

설움을 방망이질하던 빨래터
얼어붙은 손 비비며 꽃피는 춘삼월을 기다렸지

동토를 뚫고 새싹 틔울 때
새색시 시절 생각하며 수줍은 꿈을 키웠지

삼복 땡볕에 그늘 내리고
땀 식히며 매미들 하소연 듣는 여유도 즐겼지

그래도 자식농사 잘 지어 제법 수확했으니
갈바람 따라 단풍구경이나 하러 갈까나

밝아오는 새해에는

세상에서 버림받고 칼바람 속 떨고 있는 외로운 자에게
두툼한 외투라도 한 벌 선물했으면
얼어먹지도 못하는 비렁뱅이 신세들에게
따끈한 국수국물로 쓰린 속이라도 달래주었으면

지하도에 신문지 덮고 자는 노숙자에게
연탄불 쪽방이라도 제공했으면
병원에 가지 못하고 신음하는 자에게 인술 베풀어 치료하고
아픈 마음마저 어루만져주었으면

배우지 못해 바보 취급당하는 자에게
새로운 지식과 기술을 가르쳐 미래의 안목을 열어줬으면
돈이 없어 남몰래 눈물 흘리는 자에게
날품팔이 일자리라도 생겨 적은 수입이 손에 쥐어줬으면

수고하고 무거운 짐 진 우리 이웃들에게
바라고 원하는 소원이 이루어졌으면
내가 아는 주변의 사람들, 그리고 우리나라 국민들까지
모두 다 함께 행복이 가득한 새해가 되었으면

빨래터 가는 길

청솔가지에 군불 지피며
눈물 흘리던 맏며느리
머리칼은 연기되어 하늘로 오르고
손자를 업어 키우던 허리는
할미꽃으로 할아범 산소를 가려하네

동지섣달 함박눈 소리에 잠 못 이루던 밤
꿈 이야기는 처마에 고드름으로 매달리고
그래도 손세탁에는 방망이질이 최고라

새댁시절 수다 떨던 빨래터 가는 골목길
따라나설 강아지도 없는 그곳에서
시냇가 살얼음 깨고 시름 씻어보려네

송년 음악회

붙잡을 수 없는 섣달그믐
제야의 종이 울릴 때
벅찬 감동에 이끌린
배달겨레의 첫 만남

이념의 가시철조망
뜨거운 정열은 장벽을 허물고
남과 북이 손을 맞잡아 합창하는
우리의 수원

아득히 먼 옛날을 휘돌아
베토벤의 깊고 오묘한 가락이
오선지에 되살아나는 나니

피 묻은 전쟁의 참화
울부짖는 영혼을 돌이키는
진혼곡이 되어
그지없는 생명의 소리를 탄생한다

카인의 후예

꽃잎이 흩날려 허무한 마음
제물포로 퇴근해야 할 발길을 북으로 돌려 꺾어
우회하는 강 건너 산굽이 골짜기
포천-전곡-적성-문산-파주…, 육이오 전쟁의 격전지
신록의 향기 풍기고 끊어진 철길에 멈춰
나는 달리고 싶다! 외치며 녹슬어 가는 철마의 흔적

살구꽃 그늘에서 고향을 그리며 피 흘리던 젊은 장교
지난 세월에 백골은 진토되고
지금은 자랑스러운 후예로 산하를 지키는 얼룩무늬 병사들
철조망 가로막힌 북녘땅 통일의 소원은 아득한데
방향 틀어 자유로로 진입하여 진정한 해방을 갈망하는 황혼

여의도 국회의사당 임진강 갈대숲 쪽배되어
뽀얀 물안개에 묻혀 아직도 표류하고 있으니
샛별이 빛을 발하는 이 밤
한 줄기 유성이 되고 싶어라

인천행 막차

동해 설악 피서지 추억
원색 배낭에 가득 담은 젊은 무리와 함께
귀가 재촉하는 청량리발 인천행 전철

불빛 찾는 하루살이 마냥
역마다 붐비는 인파
절정 이루는 신도림 환승역
가까스로 문 닫고 힘겨워 소리치는
거친 기적소리 기적소리

콩나물시루 지옥철이란 부끄러운 이름으로
서민의 발 되어 쉼 없이 달려온
30여 년의 애환

자정 지나 겨우 도착한 종착역
길게 드러누워 꿈도 꾸지 않는 단잠
부두 뱃고동 새벽 깨우면
이슬 털고 다시금 떠나야 한다

5부

구주 오신 날

어둠 저편에는

잎사귀 사이로 금속조각 반짝이는 오후
나른한 졸음에 여유 부려보지만
공든 탑 무너지고 휩쓸리는 태풍도 겪습니다

고난 중에는
강한 날개로 먹구름 뚫고 비상하여
잠잠한 때 기다리는
독수리 지혜를 닮고 싶습니다

그 높은 곳에는 세상혼란 사라지고
에덴동산 은총이 가득 차 있답니다

구주 오신 날

서울 변두리 지하 예배당에도
아기 예수가 오셔서
연극 무대 말구유에 잠이 들었습니다

밤을 지새우던 기쁜 잔칫날
새벽송 가는 달동네에 함박눈 내리고
기쁘다 구주 오셨네!
외침에 대문 열어 대접하는 손길

뜨거운 찻잔에 소외된 자의 설움이 녹아나지만
감사하는 마음은 선물 보따리를 안겨줍니다

얼어붙은 골목길 녹이는 평화
성탄을 축하하던 그 복된 발걸음의 주인공이여

이제 반백 황혼이 되어 다시금 맞이하는 그 날
일 년 동안 준비한 작은 예물을 바칩니다

거두는 기쁨

작은 씨앗 뿌려 땀 흘려 가꾸니
우거진 잎사귀 그늘 내리고 꽃 피웠습니다
산새 깃들어 노래하고
열매 무르익어 태양 빛 머금으니
위대한 시절입니다

폭풍우 시샘에 눈물 흘리며 원망했지만
연단의 뿌리 더욱 깊어져
꿋꿋하게 자리 지키고
광주리 넘치는 열매 안겼으니
풍년가 절로 납니다

박토에 가시덩굴 무성해도 근본 된 토지에서
기쁨의 단 거두게 하는 창조주께
감사 찬양 올립니다

선악과(善惡果)

배고파 빵을 훔치는 것이 아니라
굶어 죽어도 손 벌리지 못하는 자를 유혹하여
도적질하게 한 사람이 나쁘다

부족함 없이 풍요로운 동산은
경배와 찬양의 낙원이었는데
질투하는 손길은 짝의 여린 마음을 깨물었다

막다른 고난이 닥치면
가장 가까운 이웃을 물고 늘어지는 물귀신작전에
사탄이 권하는 독주를 마시지 않을 수 없었다.

쓰디쓴 맛에 계명을 떠올려 토해내고
당신이 준 여자 때문이라 변명했지만
수고해야 식량 얻을 수 있는 벌을 받았다

오늘도 아담은 땅꾼되어 뱀 찾아나서고
이브는 산통 겪으며 어둠의 자식을 낳는다

낙타

지평선 아득한 아라비아 사막 길
여전히 세상은 우상을 섬겼으니
태양은 화살 되어 선민을 교훈했다

바위에서 샘솟는 생명수 있는 곳
여호와가 강림한다는 시내산을 찾아
낙타와 더불어 순례 떠난 나그네

험난한 광야 여정 황혼이 지고
떨기나무 아래 쓰러져 노숙할 적에
하늘에 오르는 사닥다리를 보았다

새벽에 일어나 꿈을 되새김하니
비로소 깨우치는 진리란
걸머진 등에 산이 있고 물이 있었다

옹달샘이 넘치니

다스리고 충만하라 명령한 창조주
그 선물을 누리지 못하고 먼 훗날 안식을 꿈꾸었는데
욕심을 비우면 유토피아는 내 마음에 있음을 발견할 수 있어요

심지 않고 돌보지 않았지만
떡잎을 내고 꽃 피워 알찬 열매를 안겨주는 자연
드높은 하늘을 바라보며 맑은 냇물에 지친 발을 담그고
흥겨운 새소리에 장단을 맞춰보세요

만물은 나를 위해 존재하며
아무런 대가도 요구하지 않고 그저 감사와 평안을 누린다면
더욱 아름다운 동산을 꾸며줄 것이니
찌든 영혼을 숲 바람에 맡겨 심호흡으로 정화해보세오

신선한 새벽을 기도로 열고 땀 흘리는 노동으로 봉사하며
기분 좋은 피곤함으로 잠자리에 든다면
행복한 보금자리가 아닐까요
우리에게 향하신 열두 광주리 축복을 부여안고
오늘도 전능자를 찬미합니다

그날이 오기까지

남녀노소 무론하고
상처 입지 않은 영혼이 어디 있으랴

세상 먼지 뒤집어쓰고 자비의 신 앞에 나왔으니
때밀이 되신 주께서 정결하게 씻어 주소서

교훈의 말씀으로 기쁨 얻어 돌아갈지라도
다시금 죄 짐 지고 나올 때 못 본 체 마옵소서

연약한 인간이란 핑계로 쉽지 않은 구도의 길이지만
당신이 진정 원하는 하늘나라 뜻이라면
점차 달라지지 않으리오

욕심을 버리고 자신을 포기했을 때
천국 소유자가 되어 찬미하리니 홀로 영광 받으소서

장막을 열며

아침까지 늦잠자면 좋으련만
죄 짐을 지고 전능자 앞에 나아와
새벽을 깨워 무릎 꿇습니다

죽은 자도 살리신다는 주여
눈물 씻겨주시고
연약한 여인의 기도에 응답하소서

쇠약해진 앙상한 몸으로
십자가 앞에 구부려 흐느끼니
방석이 흠뻑 젖어듭니다

한계에 다다른 피조물이라
그저 붙잡아 일으키는
애달픈 반려자도 기억해주소서

하루가 열리는 연분홍 동녘 하늘에
너와 나
뜨거운 우리 소망도 피워 올립니다

성전에 나왔으니

세파에 시달린 피곤한 발길
절대자 앞에 나아와 무릎을 꿇으면
위로의 두루마기가 나를 감싸나니

범사에 감사보다도
불평으로 살아온 지난날을 돌이켜
한없이 부끄러운 눈물에 젖습니다

잃어버린 한 마리 양을 찾아
애타게 부르짖는 목자를 기억할 때
그 은혜가 밀물로 넘치오니

내 작은 정성
간절한 기도의 제목들
생명의 말씀으로 응답하시고

늘 넘어지는 연약한 영혼
언제나 사랑의 끈으로 얽어매는
참 좋은 주인이 되어 주소서

찬란한 시작을

지난 한 해의 환란 질고는 내 탓이거니와
자신을 다지기 위한 연단이라 여깁니다

온전히 주인을 섬기지 못하고 불평하며 투정한
이 못난 머슴을 용서하소서

뒤돌아보면 잃은 것보다 얻은 것이 많으니
감사하지 않을 수 없습니다

새해에는 섭리에 순종하여
오래 참음으로 결실을 거두게 하소서

새해에는 하늘의 뜻이 이 땅에 이루어져
영광 돌리는 경사가 많았으면 합니다

온갖 고난이 닥쳐와도 소망으로 기뻐하리니
승리의 깃발을 정상에 꽂으리라

어릿광대의 소원

세상 온갖 거짓 교만한 탈을 벗고
가장 낮은 자리에서
거울 속 자신과 마주하게 하소서

흐려진 내 영혼의 샘에는
시원한 생수가 솟아 넘쳐
기쁜 노래로 화답하게 하소서

조명에 드러난 부끄러운 모습
야유하는 구경꾼 앞에
그림자도 없이 겸손히 서게 하소서

장이 열릴 때마다 새로운 희망
넘치는 감동으로 환호하고
감사 기도로 막을 내리게 하소서

그대가 계시기에

산다는 것이 짜증스럽습니까
즐겁지 않은 현실일지라도
지켜보는 그대가 계시기에 항상 기뻐하렵니다

지치고 피곤하십니까
바쁘고 힘들어 여유가 없어도
오래 참고 기다리는 당신을 위해
쉬지 않고 기도하리라

가난하여 서럽습니까
비록 가진 것이 없을지라도
광주리에 받은 바 축복이 많기에
모든 일에 감사하렵니다

이것은 믿는 자들의 섬기는 자세이며
우리가 매사에 잘 되고
몸과 마음이 건강하기를 바라는 하늘의 뜻입니다

추수 감사

진달래의 연분홍 유혹에도
아지랑이로 가물거리지 않는
굳건한 심지를

변함없이 드넓고 푸른 바다
가마솥 된 모래톱의 피서지
파라솔 그늘을 펼치게 하소서

북녘 동장군의 휘파람에도
두 손 들어 외치는 모닥불 되어
타오르는 소망을

탐스럽게 무르익은 오곡백과
새벽이슬로 빚은 국화차
가을의 창조주께 바칩니다

당신과 함께

덕택에 먹고 자는 걱정 없이 살아왔는데
당신이 없으면 누가 우리를 따뜻이 맞아주리오

목자 따르는 양이 되어 이끄심을 받았는데
당신이 없으면 우리는 어느 길을 가리리까

해결사가 되어 모든 문제를 치러냈는데
당신이 없으면 누가 상담자가 되어 줄까요

허무와 무질서 속에서 길 잃은 나그네 되어
방황할까 근심하오니

길과 진리와 생명이 되시며
우리의 거처를 예비하러 가신 성자여

그 약속을 믿고 본향 가는 그날까지
당신의 이름으로 구하고 행하여
가시덤불도 진리의 검으로 헤쳐나가게 하소서

동반자의 다짐

보이지 않는 깊이
한량없는 넓이
가마득한 높이
헤아릴 수 없는 은혜의 두루마리

차디찬 눈물
뜨거운 땀으로 식히던 고갯마루
누구나 걷는 거친 인생길을
들메끈 졸라매며 동행하려오

비운의 바람 불어
보금자리 등불 흔들어도
그대가 병풍 될지니
소박한 기원으로 심지 돋우리라

순전한 우리 인연
자비의 신이 허락한다면
십자가 대신 지고
당신만을 더욱 사랑하렵니다

선물을 받았으니

어느 날 지갑에 백지수표가 들어있음을
뒤늦게 발견하였습니다
버는 것보다 쓰는 것이 중요하고
어디에 어떻게 쓰느냐에 따라
가치가 달라진다 합니다

베풂과 섬김의 이치란
누구를 섬기고 누구에게 베푸는 것인지
날 세상에 보낸 이를 겸손히 섬기고
낮고 천한 영혼에 자비량하려오

내 그릇과 믿음에 따라
넘치고 가득하리니
선한 청지기되어 거저 받은 은혜
그 나라 확장 위해 욕심주머니 버리고
필요한 것만큼 청구하겠습니다

새벽의 동반자

일어나라
묵상하라
새벽을 깨치고 들려오는 계시의 음성
주님 내가 여기 있나이다

어미 닭의 날개 밑 숙면을 취하고
두 손 모아 감사의 새날을 맞는
마음이 가난한 자

어두운 골목 등불 밝히고
흥겨운 찬미의 발걸음으로
그대와 만나는 새벽의 은혜
샘물로 솟아나는 평안

하늘이 내린 하루
곱디곱게 사랑하며 용서하며
거룩한 삶으로 성자의 성품 닮게 하소서

6부

아픈 만큼 성숙하고

무정

고향 떠난 객지설움 서로 나누며 싹튼 정으로
살며시 보금자리 꾸며 소꿉장난 같은 동거
허기를 달래주는 라면 한 그릇 늦은 밤
따뜻한 불빛 안식처가 되어 세상 음지에서
땀 흘리는 보람을 느끼게 하였다

그러나 일장춘몽에 흔들린 여심은 달래고 애원해도
가난을 핑계 삼아 그림자만 남기고 가출
직장 상사와 딴살림 차렸다는 소문을 따라
안개와 같은 방황의 늪을 허우적대며 추적하는 골목길

용서하리라 다짐하며 어렵게 마주친 여인은
나를 부인하고 협박도 두려워 않는 냉정함을 보였다
증오의 불을 끄고자 마시는 술
취할수록 술잔에 어리는 배신의 얼굴

사랑을 포기하기 위해
한 줌의 재가 되겠다는 비장한 각오는
시너를 뒤집어쓰고 불을 붙였다
화염의 터널을 지나 눈을 떠보니

고통에 떨고 있는 그을린 육신

삶과 죽음의 문턱을 오가며
희미하게 떠오르는 오직 한 사람 어머니!
썩어 가는 형벌의 나날 사랑과 저주의 번뇌는
결국, 모든 걸 용서하고 하얀 시트에 덮여 떠났다

등불

아들 하나로 만족하려 불임 수술을 하고
남부럽지 않게 키우고자 애쓰던 신혼의 시작
고슴도치 새끼보다 더 사랑스러운 내 핏줄은
열여섯 해 동안 우리 가정의 소망이었다

그러나 불의의 사고로 뇌사 상태에 빠져버리고
하늘만 바라보는 무능한 의술
형벌처럼 다가온 불행에 저마다 헐떡이며
구원의 손길을 염원하는 병원의 중환자실

또 하나의 생명을 구하고자 애곡의 아픔을 딛고
기증하기로 서약한 내 자식의 장기
꺼져가는 등불 심지 돋우어 세상의 빛이 된다면
아들의 영혼은 떠났지만 육신 일부분은 살아서
우리와 함께하지 않으랴

그 누구도 거역할 수 없는 삶과 죽음의 세계
기꺼이 보내노니 고이 잠들어
영원히 만날 그 날을 기다려다오

병상에서

바다 향하여 하얗게 솟아 높은 병원
병고(病苦)의 설움 나누고자
푸른 십자가 불 밝히니

치료하고 간호하는 봉사의 손길에
쾌유(快癒)의 기쁨 어우러져
지난날 누리던 건강의 의미를 깨달았습니다

이제 삶의 뜻깊은 숲에 서서
인생의 전환점 멍든 상념(想念) 돌이켜
풍진(風塵)의 가슴속 헹구고
화평(和平)의 언덕에 오르렵니다

새로운 단청(丹靑) 곱다란 소망
망망대해 출렁이는 파도를 타고 내일의 출항(出航)

쾌청한 하늘 우러러보며
인생의 수평선 신천지(新天地)를 달려갑니다

투병

태양을 머금은 상큼한 사과 되어 꿈이 무르익는 여고 시절
해맑은 웃음소리 어우러진 다락방에
낙엽 되어 쌓이는 여름날의 추억

시나브로 다가온 깊은 밤 귀가를 재촉하는 발걸음에
졸음 겨워 질주하던 트럭은 연약한 소녀를 짓밟고 뺑소니
먹구름이 달빛을 가린 새벽은
새빨간 고통으로 하얀 병상을 물들였다

지울 수 없는 흔적을 남긴 장 파열
갈 길은 먼데 꺾어져 버린 넓적다리
복대를 동여매고 견인 추에 매달려
그 무게만큼 절망하는 나날
다시금 일어서야만 했기에 수술과 몸통 깁스의 아픔을 딛고
눈물 삼키며 걸음마 배우는 재활운동

창밖에 쌓인 눈은 개여울에 녹아나고
꽃은 피고 져 신록 우거지는 계절의 윤회
대학가 이야기로 요란하던 친구들 문병 발길도 끊어지고
병원 문 나설 때는 깃털 마냥 가벼워진 홀어머니뿐

회생의 날개를 펴고 잃어버린 분신을 찾아 나섰건만
사납게 몰아치는 세상 풍파는
망가진 육신을 지탱하던 희망의 등불마저 꺼버리고
방황의 깊은 수렁으로 침몰시켜 버렸다

또다시 쓰러져 병원에 업혀 갔을 때
이미 엉덩관절은 삭아버리고 인공관절로 바꾸어야 했다
가여운 내 청춘 영원히 깨어나지 않는 수술을 바랐건만
초점 흐린 눈을 뜨고 하루 이틀 사흘…

수혈로 온몸의 피를 교환해 버린 대수술을 통하여
얼룩진 자신과의 화해로 아픈 만큼의 성숙을 이루고
이제, 잡초의 강인한 생명력으로 초록 봄 들판을 수놓으리라.

백의의 천사

만나고 헤어지는 인연의 물가에 한마음으로 마주 잡은 손
함께 어우러졌네, 정이 깊었네
아롱진 추억의 손길 따사로운 사랑의 숨결
새하얀 옷자락 올올히 젖어 있는 나이팅게일의 노래
하나 되어 장단 맞추는 따사로운 우정은
호수처럼 잔잔히 반짝이며 일렁거렸네

예비 아빠의 가슴 저미는 밤새워 절규하던 산모의 진통
드디어 탄생의 첫울음, 해탈의 소리

아, 하늘가는 밝은 길
아제아제 바라아제 바라승 아제
흐느끼던 영안실의 무거운 조곡

이렇게 생사의 교차 길에서
인생을 배우며 느끼며 차곡차곡 기록된 간호일지

소쩍새 우는 달 밝은 밤
고향의 언덕 하도 그리워 내가 나를 달래며 맞이하는 새벽
신선한 하루가 열리면 치료와 간호의 숭고한 일에

오순도순 정성으로 봉사하려네

사랑의 송가 함께 부르며
푸른 등불 환하게 밝히고 온 누리 골고루 비추어가리
오, 너와 나의 보람찬 터전
흰옷 입은 천사들이여

유방암(乳房癌)

스무 살 몸짱 처녀
쭈그렁 할머니도 가리지 않고
무차별 파고드는 암세포란 지독한 놈

우리의 영원한 고향이며 젖샘인 유방
자식이 성장하면 남편의 몫이 되어
고이 아껴왔건만 마음마저 도려내고
허탈의 상처를 남기는 날카로운 메스

부풀리고 감추어보지만
조각난 가슴을 그 무엇으로 채우랴
한없는 지아비 사랑으로 껴안고
남은 여정 행복의 열매 맺게 하리니

봄의 길목에서 다시금 새 출발하소서
나의 갈빗대 나의 동반자여

평안의 은빛 인생을

생명은 하늘에 달린 것이지만 의술은 인술이라 했으니
병든 자의 몸과 마음을 치료하여
천수를 누리게 하는 것이 사명 일진데
환자를 돈벌이 수단으로 여기면 의사가 아니라

빈부귀천을 떠나 누구나 누려야 할 건강추구권
호강하여 얻은 병도 있지만
서민들이야 생계유지를 위하여 혹사한 탓이니
가난 때문에 설움 당하지는 않아야 할 텐데

병원 문턱에도 가보지 못하고 보약 한 첩 쓰지 못한 채
일찍이 유명을 달리한 우리네 조상
인간 100세의 축복을 누렸으면 하는 소망입니다

손자의 재롱에 주름살 펴고
금수강산 유람하는 효도관광으로 여유로운 노후를 즐겨
본향 가는 그날까지 즐겁고 감사하는 마음으로 살게 하소서

암 병동

선, 선, 선…,
주차선, 정지선이 아니라
세상 미련 인연을 차단하는 생명선

캡슐 모양의 투명한 무통 주입기
식사를 대신하는 열량과 사골 국물 같은 비닐 팩
햇빛을 차단한 검은 유리병의 항암제
치료의 약물들 양념되어 주렁주렁 열려 뒤엉킨 수액

먹으면 내놓아야 하는 생리의 법칙
뿌리까지 길게 꽂은 튜브
피를 뽑아내는 수류탄 모양의 배액 주머니
웅담 채취하는 곰 모양으로 모두가 고통스러운 병마의 가닥들

염색한 머리칼 빠지고 민둥산에 드러난 한 올의 백발
인간의 위선을 벗기고
부끄러운 진실을 노출하는 항암제의 위력

수액대를 지팡이 삼아 운동하는 위태한 발걸음
창밖은 여전히 분주한 인생사
마음을 비우고 선한 본연의 자세를 되찾아
자신과의 외로운 투병

시한부 여생일지라도 강인한 잡초 되어
근심 걱정 딛고 승전가를 노래하리라

투병의 기도

유방암 덩어리를 절제(切除)하는 수술
전이(轉移)를 차단하는 방사선 치료
암세포를 박멸하는 항암 주사
한쪽 가슴을 헌납하고 힘겹게 싸우는 역겨운 과정들

죽음에 이르는 병이 아니라
믿음을 연단하여 축복 위한 섭리인 줄 깨달아
회개(悔改)의 눈물로 침상을 적시오니
교만하고 완악(頑惡)한 마음 물리쳐주옵소서

언제 완치의 확진을 받을지 모르지만
오랜 투병의 고통을 이기고
엄마와 아내의 자리 지키게 하소서

겉옷을 만져도 열두 해 혈루증(血瘻症)을 치유하고
히스기야의 생명을 연장해주시며
죽은 자도 살리는 전능의 하나님
욥과 같은 시험에서 승리하여
아픈 자를 위로하는 도구되게 하소서

첫 울음소리를 들으며

수술실에서 들리는 아기의 첫소리
척추 마취로 눈망울 끔벅이며
안도와 기쁨을 내쉬는 산모
상쾌하게 까르르 웃으며 태어나면 좋으련만
왜 울면서 나오는 것일까

해산의 고통이 없던 태초의 동산이 있었건만
죗값으로 걷게 된 이방인의 가시덤불에
두 손 움켜쥐고 소리치는 인생아
전쟁터 같은 세상이라지만
만인의 사랑 받는 어린 시절을 토양 삼아
내일의 사과나무를 심으렴

오고 가는 것은 내 뜻이 아니거늘
보내신 자의 진리에 순종하고
삶 가운데 숨겨진 행복을 찾아
수고의 땀을 흘리는 개척자가 되어라

속내를 들여다보니

쓰린 속에 자다가 벌떡 일어나 제산제를 털어넣어도
여전한 칼바람에 하얗게 새운 겨울밤
정기검진이 암 예방 비결이라는 홍보에 이끌려
시한부 인생처럼 두렵고 떨린 발걸음으로 병원 문턱을 넘는다

옛날 용하다는 시골 의사는 청진기만 대면 병명이 나오고
가루약 하루치에 마음마저 고쳤는데
요즘 의사는 검사해야 치료할 수 있단다

굵은 호스가 목구멍 따라 깊은 속 헤집고
웅크려 캑캑거린 모습은 쥐약 먹고 위세척하는 실연자 같다

꼼짝없이 멱살 잡힌 양 눈물 찔끔거리며
먹고자 살아온 부끄러운 속내를 내보인다
주름진 위장은 연분홍 꿈을 영상으로 전달하고
다행히 신경성 위염이란 진단에 마음 편히 가지라는 처방

사오정, 오륙도, 치열한 생존경쟁에서
상처 입지 않은 영혼이 있으랴만
설움의 자식 오장육부를 뒤트는 건 과연 무엇인가

종교는 자족하는 마음으로 범사에 감사하고
끊임없는 풀무질로 교만과 고집을 녹여내야
참 평안을 누린다 하건만
과연 누가 고질병을 치유해 주려는가
여전히 밤은 어둡지만 화창한 봄날의 해돋이를 기대한다

황혼 비탈길에서

당뇨 합병증으로 뒤꿈치에 구멍이 났으나
대수롭지 않게 여겨 병원을 찾았고
즉시 수술실로 끌려들어가 마취도 필요 없이
칼질하여 파헤쳐도 무혈 무통이니
바늘로 찔러도 피 한 방울 나지 않는 독종인가

수도권에 집중된 개발 정책으로 손길 닿지 않은
지방 중소도시가 쇠퇴하듯
말단부까지 혈액 공급이 안 되어 썩어든 상처를
의사는 경제개혁을 외치며 과감히 파고들어 응어리를 제거한다

자신도 모르게 곪아 터져 지독한 냄새를 풍기는 육체를
뜨거운 심장을 가진 사람이라 할 수 있으랴
좋아지지 않으면 발목을 절단해야 한다는 선고에도
놀랄만한 기력도 없으니 바람 앞에 등잔불이로다

뼈를 깎는 소리 들으며 그 고통을 모르는
둔하고 무딘 내 영혼을 어찌 깨울까
외발로 서서 정신 차리지 못하면 눈도 어두워진다니

불쌍한 늙은이 누가 회생시켜 주려나

가서는 아니 될 곳을 즐겨 발걸음하며
온갖 달콤한 것 찾아다닌 칠십 평생
가난한 시절에는 없던 병이 배불러 생겼으니
헛된 욕심의 결과이구려
이제 마음도 비우고 씻는 치료를 받아
고목에도 싹트고 꽃피는 황혼을 맞으리라

아픈 만큼 성숙하고

쌈질을 조심하라 하였건만 젊은 혈기에
함부로 주먹질하여 손가락뼈를 분지르다니
바르지 못한 빗나간 삿대질은 고통이라
화난다고 돌부리 걷어차면 누가 아프더냐

못질하여 수리하고 부목 덧대두었더니
한 달 동안 잘도 참고 지냈구나
짐승은 양치질 안 해도 귀여운데
만물의 영장은 하루 발걸음에도 구린내 진동하니
고등동물은 육체도 스스로 다스리라는 섭리인가

콘크리트가 굳으면 지지대가 필요 없는 것
이제 네 가슴에 박힌 한을 제거해주마
아프지 않으냐고? 아픈 건 못 참는다고?
아서라, 아픔 없는 성숙이 어디 있으며
즐거워하는 환자가 있다더냐

서너 개 핀을 뽑으려고 갑절의 부분마취 바늘을 찌르랴
너를 낳던 어미처럼 어금니 악물고 참아보아라
연장 같은 기구를 들고 달려드는 의사가 무식하다고?

총각아, 나는 사람 고치는 목수라 망치질하여 먹고 산다

그런데 두 개의 핀은 피부에 파묻혀
끝이 보이지 않으니 칼로 파헤쳐야겠구나
잘못을 저지른 자는 어두운 곳에 숨어들기를 좋아하니
네 실상을 천하에 드러내리라

엑스선 사진보다 더 확실한 감각으로 더듬어 절개하니
벌건 피를 튕기며 변장대는구나
어둠의 자식들은 시커먼 줄 알았더니
선혈에 온기도 있으니 너도 사람의 자식임이라

기를 쓰면서도 문자 보내는 21세기 엄지족아
먹고 쌓아둔 욕심 흐르고 나면
저절로 아물 것이니 출혈을 아까워 말라
병들고 서러운 자 꼭꼭 싸매어 복귀시키노니
치료자의 뜨거운 양심을 기억하고
얼어터진 은행나무가 되어 더욱 튼실한 열매를 맺어라

일어나 걸으리라

주춧돌 위에 튼튼한 대들보가 바로 서야
지붕을 떠받들어 지탱할 수 있으려니와
유연하게 수없이 굽히고 펴야 하니
굵은 밧줄의 질긴 조직도 필요하나 보다
고달픈 인생길, 멍에를 걸고 우직하게 살다보면
척추는 무너지고 비틀려 신경을 조이니
황혼녘 미래는 마비되었다

현대 최첨단 의술을 도입하여
정교하고 능숙한 대수술에 성공하면
꼿꼿하게 일어나 무도장도 갈 수 있다니
밝아오는 은빛 세상이여!
못된 교만을 잠재워놓고
예리한 칼로 앙상한 육신을 가르는데
솟구치는 뜨거운 피는 화려한 지난날을 호소한다

본능의 욕심마저 불태우며 감춰진 진실을 파헤쳐
견고한 성을 쌓고 배후 조종하던 원흉을 드러낸다
이제 명의의 손길로 멸절하리니
원인도 모르고 시들어 가던 영혼은 회생의 기쁨을 노래하리라

인도 여인의 사고

갠지스 강가에서 목화 따며 가난도 숙명으로 여겨
즐거운 노래 부르던 23살 인디아 아낙네는
아이들 남겨두고 돈 벌러 낯선 동방에 왔는데
삭풍은 교통사고를 일으켜 허벅지 뼈를 분질러놓았구려

여기는 비만이 죄악이라 천대하지만
그곳은 풍만한 육체가 미인이라지
최소절개라는 최신의술로 골수에 금속정 박는 수술을
몇 시간 씨름했지만 오히려 뼈만 조각나고
결국 눈으로 확인하는 원시적 방법은 큰 상처를 남겼네

다행히 척추마취에 수면제 투여로
끔찍한 망치질 소리 듣지 않아 다행이라
그래도 피해자니 보험으로 처리해줄 것이고
뼈는 붙으면 다시 일어설 수 있지만
시간과 돈으로 해결하지 못하는 시한부 인생도 있으니
부디 쾌유하여 타국의 설움을 이겨내소서

말기암 환자의 독백

아닙니다, 오진이에요. 다시 한 번 진단해보십시오
아직 젊은데 벌써 암에 걸리고 암은 아무나 걸리는 것입니까
이건 양성 종양이란 말입니다

무슨 흉악한 죄를 지어 열심히 살아온 연약한 자에게
죽음의 덫에 걸리게 하는가
아직 어린 자식들이 있는데 그럴 수 없어, 너무 억울해
꿈이 아닌 매몰찬 현실이니 피조물은 어쩔 수 없지만
기회를 주어 살려준다면 죽은 자도 일으키는 전능의 신에게
내 모든 것 바치겠습니다

긴 머리칼이 빠지고 물 한 모금도 토해내는
아, 너무 고통스러운 항암제의 위력이여
진정 발버둥 치다 결국 허무하게 떠나야 합니까
부질없는 미련을 버리고 침착하게 갈무리하여
미워하고 분노하던 질곡의 삶
용서와 사랑하여 짧지만 소중한 가치를 남기렵니다

그러나 현대의술에서 사형선고 내린 시한부 환자들이
투병에서 승리한 기적의 소식을 들었나니
나도 봄이 오면 찬란하게 부활할 것입니다

일어나라

두껍아, 두껍아
헌 집 줄게, 새집 다오
토닥이던 아이의 모래성 교통사고에 무너져
위태롭게 피어나는 한 송이 해당화

아픔의 의미도 모른 채 기도(氣道)를 뚫고 추에 매달려
오직 잃어버리지 않은 순수한 눈동자만이
동화의 섬나라에서 하루 이틀 사흘…

노년의 기쁨이 되어 무릎에 앉아 시름 달래던 삼대독자
하얀 병상에 누워 새봄 맞이하는 일곱 살 개구쟁이

애야, 그만 깨어나렴
소리 없이 부르짖는 짧은 면회시간
주름 골짜기 가득한 뜨거운 눈물
지극한 할아버지의 내리사랑

조가비 뒹구는 백사장 다시금 뛰노는 손자를 떠올리며
간절히 전능자의 기적을 원한다

민들레

하루 이틀 사흘…

항암치료 약재에 쓴다고 민들레를 구해달라는 부탁에 무덤가 잔디밭에는 있음직하여 가까운 산에 올랐으나 보이질 않고 호미 들고 마을 어귀를 따라갔더니 양지바른 언덕에는 제초제 뿌려 쑥과 망초만 무성하다

그러나 공사로 뒤덮인 시골 길 흙더미에서 짓눌리고 밟혀 있는 소중한 풀뿌리를 파서 바구니에 담는다

꽃대를 꺾으면 나오는 끈적끈적한 하얀 즙은 정녕 폐경을 회춘시켜 젖을 생산하리라

포천병원 뒤뜰 무성한 수풀을 헤쳐 보니 네 잎 클로버보다 더 반가운 민들레가 군락을 이루고 있다

깊게 내린 뿌리까지 캐내며 토종이면 더욱 좋으련만 하며 산삼의 효험을 욕심부린다

불개미가 잔뜩 모여 있는 걸 보면 뭔가 먹음직한 것일 게야 허리 휘게 고생하는 너희에게 미안하지만 쓸어 모아 술 담그지 않는 걸 다행으로 여기렴

개나리의 그 샛노란 질투에 밀려 들녘의 잡초로 만족하는 너. 아! 낭군을 기다리다 슬픔에 겨워 죽은 산골 마을의 설화는 강인한 생명력을 치하하여 일편단심이라 노래했던가
그래 아내를 위한 사부곡이라 하자 바람에 날려 번식하는 깃털의 소망으로 열매 맺게 해다오

반평생 지난 지아비야 홀로 버틸 수 있지만 이제 어린 자식은 어이하랴 최소한 막냇손자를 볼 때까지는 꼭 살아야지

민들레 낭자는 이미 씨앗을 뿌렸으니 캐가도 되겠지
약초로 쓰이는 것도 사명일지니 내년 봄 화사한 꽃 피울 때 쾌유한 아내와 이곳에 산책 와서 백배사례하려네

열꽃

입이 크려고 아프다던 단순 포진
어릴 때 걸리면 잠복하여 스트레스로 재발하는 헤르페스
면역이 생기는 홍역과 달리 평생 빈번히 나타나는
바이러스 질환으로 1주일 정도 지나면 낫지만
낙인을 남기는 붉은 응어리
마음이 아프면 드러나는 진실이니
5g의 연고 처방보다는 평안하고 적절한 안식으로
자연치유에 맡기십시오

입술을 조심하여 삼가 칭찬하는 좋은 말만 전파하라
주워담을 수 없는 한 마디가
이웃에게 상처가 되고 결국 화살 되어 되돌아온다

달콤한 키스라 할지라도 구별하여 접촉해야 하는 것
유혹의 휩쓸려 어설픈 사랑을 점찍지 말고
심리적 육체적 고통을 전염시키지 마라

기사도 정신으로

배고픈 시절 객지에서 식당 꼬마로 출발했던
일식전문 주방장은 출근하여 회칼을 갈며
맛의 예술로 손님맞이 하리라 다짐한다
비록 살생이지만 헐떡거리는 아가미는
미식가를 자극하리라

인체 정비공장 의사는 예리한 메스를 쥘 때마다
인술을 베풀리라 자신에게 엄숙한 선서를 하는데
한 치의 실수도 허용치 않겠다는 피의 솟구침에
다시금 긴장된 마음을 가다듬는다

먹고사는 생존법칙을 터득하기 위해
많은 생채기 입으면서 오랫동안 쌓아온 공력들
그러나 성공한 푸른 하늘에 욕심 구름이 끼면
음식은 맛이 변하고 병든 자는 설움 받나니

오대양에서 건져 올린 물고기가 꼬리를 치고
망가진 육체가 신음하며 세상을 살리는 것은
겸허한 초심이라고 오늘도 훈계한다

이부자리를 털며

긴 머리 찰랑거리던 첫사랑 아내는
헤지듯 지나온 시간에 낯선 중년이 되어
깊은 우물 속 가라앉은 우울증을
건져 올리지 못하고 더욱 갈급해한다

산기슭 개나리 한 줄 고운 화관 만들어
윤기 흐르던 머리에 얹고 싶은데
설움의 거미줄 사이로 빠져나가는
한 움큼 머리칼에 이슬 맺힌다

비통의 허물 주워담으며
새털구름 깔린 하늘 바라보는 낭군 속내에
왔던 길 되돌아갔으면 하는 안타까움이
파도에 구르는 몽돌로 애끓나니

만약이란 낱말을 담을 고깔 하나 선물해야겠다.

7부

〈시조 · 동시〉

보름달 엄마

<시조>

가을 편지

연분홍 봄바람에 잉태한 풋사랑은
오뉴월 땡볕 아래 농익어 배부르나
모닥불 불쏘시개로 사그라진 낙엽아

책갈피 간직했던 해산의 기억들은
일곱 달 미숙아의 서러운 출생기록
화려한 오색단풍잎 고통스런 과거사

늦가을 찬비 내려 젖어든 부스러기
여름밤 추억 찾아 연서를 보내나니
그대의 비단 치마폭 답신 적어 보내소

지리산 칠선계곡 흘러간 상처들을
다시금 새기려니 미련이 되살아나
허벅지 바늘 찔리며 깊은 한숨 쉽니다

여심화(女心化)

진초록 잎사귀에 금모래 햇살 반짝
파도에 너울지는 꽃망울 그리움아
어여쁜 동백 아가씨 어우러진 한 곡조

미명을 일깨우는 산사의 예불소리
합장한 꽃 잎사귀 자비를 노래하고
잔설에 통째 떨어져 속세 시름 잊노라

동백 아가씨

치마폭 하늬바람 거울 앞 잠재우고
새색시 연지곤지 설레는 단장 손길
쪽 머리 곱게 빗질한 붉은 댕기 신부여

삼원색 절묘 조화 화려한 잎새 꽃불
정절의 깊은 심지 맹세한 일편단심
겹겹이 간직한 사랑 원앙금침 펼치리

향수(鄕愁)

모깃불 피운 마당 돗자리 드러누워
뭇 별을 헤아리며 유성이 되고 싶어
반딧불 호박꽃 담아 새벽 밝힌 동심아

솜이불 뒤집어쓴 뒷동산 햇살 내려
문풍지 떨려오면 단잠 깬 개구쟁이
대나무 썰매 꺼내어 텃논으로 나선다

우(牛)선생 동지

짐승만 못한 사람
설치는 세상 속에

우직한 우리 황소
보배며 일꾼이라

험한 길 봄 꿈 젖어도
충성스런 동행자

농심(農心)

황금 녘 넘실넘실 논배미 넘쳐나고
갈바람 햇살 품어 밤송이 벌어지니
구슬땀 밑거름되어 자식농사 알차다

푸르른 하늘 높이 지화자 얼씨구나
포도원 사래 긴 밭 작은 꿈 모락모락
책갈피 곱다란 단풍 쌓여가는 향기여

풍년 기원

마파람 불어오니 비가 올 소식이라
논배미 바삐 나가 물꼬를 손볼 적에
농부의 소박한 꿈은 찰랑찰랑 넘치네

까마귀 울어대는 황량한 가을 들녘
메마른 대지 위에 쏟아진 햇살들은
다음 해 풍성한 추수 약속하는 빛이라

황혼일기

까까중 어린 시절 돌이켜 보노라면
철없는 개구쟁이 부끄러운 과거지만
오늘의 버팀목으로 성장해온 밑바탕

요령껏 살아가라 처세술 말하지만
성실히 한우물 파 쌓아온 인생살이
황혼녘 뒤돌아보니 열두 폭의 동양화

미련

파도가 밀려 나간 바닷가 백사장에
너와 나 굳은 맹세 발자국 새겼는데
하룻밤 풋사랑인가 흔적마저 없어라

아련히 생각나요 떠나간 그 사람이
미워도 다시 한 번 만나고 싶지마는
깊은 속 간직한 추억 아름다운 무지개

억새

여름날 초록 사연
골 안개 피어올라

산마루 잔치 여니
갈바람 향기롭고

떼지어 흔드는 소망
홀씨되어 퍼지네

약속

손도장 약조하고
가락지 선물 하나

깊은 속 다짐들은
나이테 늘어나도

불안타 못 믿을 터라
동아줄로 묶는다

<동시>

보름달 엄마

쭈그렁 까치밥 먹으려다
감나무에 걸린 달님
엄마 얼굴인데
누가 쟁반 같다고 했나

고드름 매달리는 추위에
밝은 웃음 지으며
자장가 토닥거리니
아이는 꿈나라 가고

별빛으로 쏟아져
밤새 들려주는
하늘나라 이야기에
더욱 따뜻한 엄마의 품

가을 놀이터

다독다독 두꺼비집 만들던 아이
골목길 엄마 부름에
운동화 벗어 모래 털며
우람아, 슬기야 안녕 또 만나
아쉬운 작별인사 나누며
뿔뿔이 집으로 돌아가는 소꿉동무들

살며시 내려앉은 땅거미에
살랑살랑 사라사라
바람과 낙엽은 시소 놀이하고
귀뚤귀뚤 귀뚜라미
찌 찌이 찌르르 풀벌레 응원하는데
밥상 물러선 아이는
금세 깊은 잠에 빠져
내일의 놀이터를 꿈꾼다

지각

말썽꾸러기
욕심꾸러기
장난꾸러기
꾸러기는 많지만 우리 아빠는 잠꾸러기
밝아오는 아침 햇살 늦잠 깨우지만
응, 으응 알았어! 음냐음냐 쿠울쿨….
뒤집어쓰는 이불

머리맡 알람시계 얻어맞아 입을 다물고
차가운 손가락 물 튕김에 벌떡 일어나 지금 몇 시야?
아푸아푸 치카치카….
양말, 넥타이, 손지갑이 휙휙 날아다니고
늦었어, 늦어. 허둥지둥
벌컥벌컥 꼴까닥, 우유 한 잔의 식사

여보, 다녀오리다
바람에 대문 닫히고 전쟁이 끝나자
하품하는 엄마는 앞치마를 벗는다.

울타리

조심하여라
어른들이 가장 많이 하는 말
알았어요, 하면서도
듣기 싫어하는 청개구리

잘할 수 있다, 큰소리치지만
한눈팔면 넘어지는 아이
치마폭 벗어나 대문 나서면
모두가 위험덩어리

이 나라의 새싹
지켜주세요, 마음껏 뛰놀게

우산

먹장구름 뚫려 장맛비 내리는 하교 시간
비료 포대 구멍 뚫어 비옷 걸친 동자들
천둥신호에 발맞춰 출발선 떠나고
풍차돌리기 하는 면장 아들 비닐우산 부럽지만
감나무골 까까머리는 책보 감싸 안아
노랑 고무신 움켜쥐고 황톳길 뛰어가니
양철필통소리 요란하다

서낭당 고개 넘어서니
햇보리 볶는 연기 피어오르고
결승점인 집에 도착하여
젖은 교과서 아랫목에 말리며
찐 고구마로 허기 달랜다

마당 짚단에 알 낳은 씨암탉
공책 값 마련했다며 목청 돋우는데
마라톤에 지쳐 잠든 막내는
누이가 아끼는 양산 몰래 꺼내어
비 오는 내일의 학교길 꿈꾼다

거울아, 거울아

부끄러운 사과 깎는 소리로
사각사각 면도하는 아빠
요정의 지팡이 끝에서 터지는 거품에
욕실 가득한 엄마의 샴푸 향
여드름 짜며 찡그리는 얼굴
아파야 어른이 되는 것이라
눈웃음 보낸다

어버이 머리칼 싸락눈 내리고
동생의 목소리는 굵어졌는데
거울 앞에서 정성껏 빗질하던 공주
이제 서투른 입술연지 바르며
이 세상에서 누가 가장 예쁘냐고
다시금 묻는다

그림엽서

한숨 쉬는 엄마 대신하여
눈물 젖은 나의 하얀 마음 판에
알록달록 수놓고
삐뚤빼뚤 안부 적어
배고픈 우체통에 넣었으니

곱게 물든 단풍잎 사연은
바람에 날리고 강물에 흘러
하늘나라 아빠에게 전해져
안개비 내리는 봄이 오면
우표 없는 답장은
뒤울안 목련으로 피어날 것입니다

꿈은 이루어진다

어른들이 앞날의 꿈을 물으면
나이팅게일 간호사나
슈바이처 박사가 되겠다고 했지요

그러나 할아버지가 아파서 돌아가시고
내 손목이 부러져 입원해 보니
먼저 배우고 준비해야 할 일이 있어요
119 아저씨의 눈부신 활동처럼
슈퍼맨이 되어야 하겠더군요

아프지 않은 주사와 수술방법을 개발하여
즐겁게 게임을 하듯이 치료하고
죽을 때도 편안히 웃으며
하늘 여행 떠나도록 안내하는
그런 병원의 일꾼이 되고 싶어요

부르고 싶은 이름

나만의 옹알이 속에
맘마를 배우고 엄마를 불렀지요
엄마 품에서 젖을 먹고 자라야 하니
엄마 없는 자식도 있을까
나를 똑 닮은 아빠가 씨앗을 뿌려
내가 세상에 태어났음을 뒤늦게 알았어요

막내인 어버이에게는
아버지가 일찍 돌아가셨으니
할아버지란 어려운 발음공부를
하지 않아도 되었지만
그 깊은 사랑을 받을 수 없어 아쉬웠지요

그러나 이제는 내가 엄마 되면
할아버지라 부를 손자를 가질 수 있으니
우리 부모님 건강히 오래 사셨으면 해요

누가누가 더 푸른가

겨울잠 개구리 깨우는 산들바람이
풀피리 불며 눈을 뜨라 새 아침을 흔들고
익살꾸러기 아지랑이 버들개지 간질이며
그만 일어나라 인사해요

맑은 개울물에 세수하고
머리에 매화꽃 리본 달아
우리들의 놀이터에 어서 가자 서둘러요

봄맞이 동요잔치 동산에는
산하고 하늘하고 욜로레이 리 욜로레이
진달래 합창단의 연습이 한창이고요

노랑깃발 펄럭이는 언덕 아래
지지뱃 종종종 개골개골 파알짝
춤추고 박수하는 응원소리에
하루해가 짧을 것 같아요

겨울 아침

쌩쌩 겨울 찬바람에
따뜻한 이불 속 파고들어
신 나게 썰매 타는 내일의 꿈나라

소복소복 소오복
함박눈의 속삭임에
창문을 열어보니 세상은 모두 은빛 나라

아무도 밟지 않은 하얀 눈밭에
발자국을 수놓고 만드는 눈사람

시린 손 호호 불며 시작되는 눈싸움
강아지도 응원하며
밝아오는 아침을 맞이해요

아기 코끼리

통나무 다리
날개 치는 귀
손짓하는 코

땅을 울리는 덩치가 무섭지만
꼬리와 눈은 작고 귀엽지요

뒤뚱거리며 걸어가면
아기 코끼리 걸음마
음악이 들려요

별

해님이 웃는 낮에는 보이지 않아도
어두운 밤하늘 달님과 함께
반짝이는 별

별 하나 나 하나
별 둘 나 둘….
수많은 별들이
밤새워 하늘나라 이야기하고 있어요.

풍선

빨 · 주 · 노 · 초 · 파 · 남 · 보
일곱 빛깔 풍선에
할 · 머 · 니 · 보 · 고 · 싶 · 어
내 마음 불어넣어

푸른 하늘 높이높이
봄바람에 멀리멀리
남쪽 외갓집으로 띄워 보내면
내일은 아름다운 무지개 피어나겠네

매미

송도 유원지 나뭇가지 그늘
강화 마리산 우거진 숲속
매미의 노랫소리

나무와 숲
깨끗한 공기와 맑은 물
자연을 좋아하는
매미의 가족 나들이

맴맴 맴맴
우렁찬 매미의 합창에
무더운 여름이 식어간다

정채균 시집

빨랫줄에 걸린 소망

초판인쇄일 2014년 1월 27일
초판발행일 2014년 1월 29일

지은이 : 정채균
발행인 : 김순진
편집장 : 전하라
디자인 : 김초롱
펴낸곳 : 문학공원
등 록 : 2004년 3월 9일 제6-706호
주 소 : (우편번호 130-814)서울 동대문구 난계로 26길 17호
삼우빌딩 C동 302호 스토리문학사
전 화 : 02-2234-1666
팩 스 : 02-2236-1666
홈페이지 : http://cafe.daum.net/yob51
이메일 : 4615562@hanmail.net

※ 책값은 뒤표지에 있습니다.
※ 저자와의 협의에 의해 인지는 생략합니다.